CATALOGUE

D'UNE

JOLIE COLLECTION

DE

TABLEAUX

MODERNES,

ET AQUARELLES,

DONT LA VENTE SERA FAITE

HOTEL DES VENTES

RUE DES JEUNEURS, N. 42,

Salle n. 3,

LES MERCREDI 26 ET JEUDI 27 FÉVRIER 1851,

Par le ministère de Me **BONNEFONS DE LAVIALLE**,
Commissaire-Priseur, rue de Choiseul, n. 11,

Assisté de M. **Ferdinand LANEUVILLE**, Expert,
rue Caumartin, n. 44.

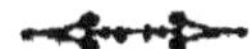

Exposition publique

Le Mardi 25 Février, de midi à cinq heures.

PARIS

IMPRIMERIE ET LITHOGRAPHIE MAULDE ET RENOU,
Rue Bailleul, 9 et 11.

—

1851.

CATALOGUE

D'UNE

JOLIE COLLECTION

DE

TABLEAUX

MODERNES,

ET AQUARELLES,

DONT LA VENTE SERA FAITE

HOTEL DES VENTES

RUE DES JEUNEURS, N. 42,

Salle n. 2,

LES MERCREDI 26 ET JEUDI 27 FÉVRIER 1851,

Par le ministère de M⁰ **BONNEFONS DE LAVIALLE,**
Commissaire-Priseur, rue de Choiseul, n. 11,

Assisté de M. **Ferdinand LANEUVILLE,** Expert,
rue Caumartin, n. 44.

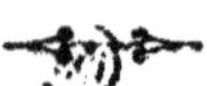

Exposition publique

Le Mardi 25 Février, de midi à cinq heures.

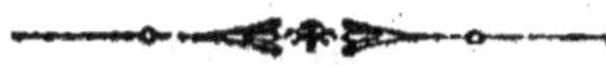

PARIS

IMPRIMERIE ET LITHOGRAPHIE MAULDE ET RENOU,
Rue Bailleul, 9 et 11.

—

1851.

CONDITIONS DE LA VENTE.

Elle sera faite au comptant.

Les acquéreurs paieront, en sus des adjudications, cinq pour cent, applicables aux frais de vente.

DÉSIGNATION

DES TABLEAUX.

AUZOU.

1 — Novès et Alix de Provence.

BAPTISTE.

2 — Fleurs dans un vase.

BEAUMONT (DE).

3 — Le lion amoureux.

DU MÊME.

4 — Un soldat causant avec une blanchisseuse.

BRASCASSAT (1839).

5 — Très beau paysage avec pâtre gardant un troupeau de vaches et moutons.

BÉRANGER (CHARLES).

6 — Un chien gardant du gibier.

BONINGTON.

7 — Tête de chien.

CARTIER (E.).

8 — Pâturage.

BOUCHOT.

9 — Vue de la Porte-Saint-Martin.
Daté 1816.

CHARDIN.

10 — Portrait du duc de Richelieu dans sa jeunesse.

CHARLET.

11 — Le billet de logement.

DELAYE.

12 — Tente sur la lisière d'un bois.

COIGNET (J.).

13 — Cascade. Vue prise en Auvergne.

COLLIGNON.

14 Intérieur d'écurie.

COLIN (A.).

15 — Paysage napolitain.

COUTURE.

-16 — La Liberté protégeant les Arts et l'Agriculture.

DU MÊME.

-17 — Tête de femme mauresque.

DU MÊME.

—18 — Tête de Bacchante.

DECAMPS.

—19 — Petit paysage historique.

DAGUERRE.

—20 — Petit paysage. Effet de soleil couchant.

DEDREUX (Al.).

—21 — Chasse à courre.

DEMARNE.

—22 — Route bordée d'une rivière. Un lancier est arrêté près d'une chaumière.

DIAZ.

—23 — Le rêve d'amour.

DU MÊME.

24 — Vénus et l'Amour.

DIAZ.

25 — Pendant du précédent.

DUPRÉ (J.).

26 — Intérieur d'une cour de ferme.

DUVAL.

27 — Paysage dans la manière de Karel Dujardin.

DU MÊME.

28 — Fête de village.

FLEURY (L.).

29 — Vue de Paris, prise du Palais-de-Justice.

FRAGONARD (genre de).

30 — Le doux baiser.

GARNERAY (H.).

31 — Marine.

GÉRICAULT.

32 — Postillon à la porte d'un cabaret.

DU MÊME.

33 — Cuirassier. Tête d'étude.

GÉRICAULT.

34 — Un Albanais.

GIRODET-TRIOSON.

35 — Danaé.

GRAILLY (DE).

36 — Intérieur de forêt.

GREUZE (genre de).

37 — Jeune fille.

GUÉ.

38 — Vue prise en Auvergne.

HUET (PAUL).

39 — Paysage.

ISABEY (EUG.).

40 — Plage enrichie d'un grand nombre de bateaux ;
sur le premier plan des femmes sont occupées
à débarquer du poisson.

DU MÊME.

41 — Conversation.

JOLLIVET (J).

42 — Halte de bohémiens dans les montagnes de Gua-
darama.

JOLLIVET.

43 — Une nymphe lutinée par des amours.

JOLIVARD.

44 — Vue prise à Fontainebleau.

DU MÊME.

45 — Vue prise à Fontainebleau. Effet de soleil couché.

DU MÊME.

46 — Vue prise dans le département de la Sarthe.

LAPITO (A.).

47 — Vue prise en Suisse.

LEDOUX (Mlle).

48 — Jeune fille avec des fleurs.

LEPRINCE (Xavier).

49 — Diligence au relai.

MÜLLER.

50 — Enfant en pierrot.

NETSCHER (G.).

51 — Une femme tenant un enfant sur ses genoux.

PALIZZI.

52 — Chevriers napolitains.

PRUD'HON.

53 — Tête de jeune fille couronnée de lierre.

DU MÊME.

54 — Sujet allégorique.

Nous joignons au tableau une lettre de Prud'hon lui-même qui constate son authenticité.

DU MÊME.

55 — Sujet mythologique.

DU MÊME.

56 — Pendant du précédent.

DU MÊME.

57 — Paysans jouant dans une grange.

RICOIS.

58 — Paysage avec figures.

ROBERT FLEURY.

59 — La partie de cartes de Charles Ier.

ROQUEPLAN (C.).

60 — Plage ornée de jolies figures.

ROUSSEAU (Ph.).

— 61 — Un paon et un cor de chasse accrochés à un
mur.

SCHNIT.

62 — Paysage avec étang.

SEBRON (H.).

63 · Sujet d'histoire.

SWEBACK (Ed.).

· 64 — Une course.

Daté 1845.

TAUNAY.

— 65 — Prédication de saint Jean.

TESTÉ.

66 — Le déjeuner.

DU MÊME.

67 — Une jeune femme présente une grappe de raisin
à un enfant.

DU MÊME.

68 — Une baigneuse.

TROYON.

69 — Poules dans une basse-cour.

DU MÊME.

70 — Moutons.

TRUCHET (H.).

71 — Château en ruines. Un pâtre garde son troupeau.

VALENCIENNES.

72 — Paysage historsque.

VIDAL.

73 — Fleurs dans un vase.

DESSINS ET AQUARELLES.

ALKEN.

74 — Chasse.

DU MÊME.

75 — Pendant du précédent.

BEAUMONT (DE).

76 — Sorcière partant pour le Sabat.
Dessin.

DU MÊME.

77 — Jeune fille pleurant.

DU MÊME.

78 — Jeune fille se baignant.

DU MÊME.

79 — Jeune fille se chauffant.

DU MÊME.

80 — Jeune fille fumant.

BEAUMONT.

81 — Jeune femme en costume de bal.

DU MÊME.

82 — Intérieur d'un harem.

DU MÊME.

83 — Tête d'enfant.
Pastel.

DU MÊME.

84 — Tête de jeune fille.
Pastel.

DU MÊME.

85 — Tête de jeune fille.
Pastel.

BONINGTON.

86 — Deux personnages de distinction regardent à une fenêtre.

CLÉSINGER.

87 — Site d'Egypte.
Dessin au crayon noir.

COUTURE.

88 — Le Tasse.
Dessin au crayon noir.

COUTURE.

89 — Tête de jeune homme.

DUPRÉ (J.).

90 — Intérieur de forêt.

Gouache.

DU MÊME.

91 — Lisière d'une forêt.

Gouache.

FLANDIN (EUG.).

92 — La cathédrale de Palerme.

Aquarelle.

DU MÊME.

93 — Parfumeur turc.

Aquarelle.

DU MÊME.

94 — Le Châtelet des chevaliers de Saint-Jean de Jé-
rusalem, à Rhodes.

Aquarelle.

GALLAIT.

95 — Un soldat tenant un enfant sur ses genoux.

GÉRICAULT.

96 — Un cuirassier.

GÉRICAULT.

97 — Un cheval. . .

GRANET.

98 — Intérieur d'un cloître pendant la prière.
Aquarelle.

DU MÊME.

99 — Cuisine d'un couvent de femmes.
Sépia.

PROUT.

100 — Vue de Venise.

DU MÊME.

101 — Niche avec un saint.

RUDER (DE).

102 — Groupe de jeunes gens.
Dessin.

VIDAL.

103 — Une jeune femme mettant un billet sous son
corset.

WATTIER (E.).

104 — Une Nymphe lutinée par des Amours.
Dessin sur papier bleu rehaussé de blanc.

INCONNU.

105 — Tête de Vierge.

INCONNU.

-106 — Bélisaire.

PAR UN ARTISTE ANGLAIS.

-107 — Un soldat remettant une lettre à une jeune
fille.

Costumes du moyen âge.

INCONNU.

-108 — Vue d'un château en ruines.

INCONNU.

-109 — Tableau dans la manière de Ph. Wouwermans.

110 — Sous ce numéro seront vendus les tableaux et
dessins omis au Catalogue.

8701—Imp. MAULDE et RENOU, rue Bailleul, 9 11.